青鸟童书

少年通识学院

和美学做朋友

左文萍 陈虹君 著
邵立晶 绘

北京理工大学出版社
BEIJING INSTITUTE OF TECHNOLOGY PRESS

版权专有　侵权必究

图书在版编目（CIP）数据

和美学做朋友 / 左文萍，陈虹君著；邵立晶绘. -- 北京：北京理工大学出版社，2023.12
（少年通识学院）
ISBN 978-7-5763-3093-9

Ⅰ.①和… Ⅱ.①左… ②陈… ③邵… Ⅲ.①美学—少年读物 Ⅳ.① B83-49

中国国家版本馆 CIP 数据核字 (2023) 第 213772 号

责任编辑：王梦春	文案编辑：邓　洁
责任校对：刘亚男	责任印制：施胜娟

出版发行	/ 北京理工大学出版社有限责任公司
社　　址	/ 北京市丰台区四合庄路 6 号
邮　　编	/ 100070
电　　话	/（010）68944451（大众售后服务热线）
	（010）68912824（大众售后服务热线）
网　　址	/ http://www.bitpress.com.cn
版 印 次	/ 2023 年 12 月第 1 版第 1 次印刷
印　　刷	/ 三河市金元印装有限公司
开　　本	/ 880 mm × 1230 mm　1/16
印　　张	/ 13.5
字　　数	/ 144 千字
定　　价	/ 199.00 元（全 4 册）

图书出现印装质量问题，请拨打售后服务热线，负责调换

引 言

  相传，在这个世界的某个角落，隐藏着一所神秘的学院——少年通识学院。那是一个大师云集的地方，所有到达那里的人，都可以在学院里通过某种特殊的方式，与古今中外的大师无障碍交流。但是，鲜有人能够找到那里，只有被选中的人，才有机会前往。

  爱思考的小白、学霸冬冬、顽皮的夏夏、爱美的曼曼，就是众多学生中被选中的幸运生。

  今天，是他们来到这所神奇的学院学习的第500天。这会儿工夫，他们的引导人——一个黄色的小短腿机器人魁小星，兴高采烈地出现在了他们面前。

  它的前来，带给他们的是更为振奋人心的消息：少年通识学院即将增设四大课程啦！

  也就是说，他们在这里又可以学到更多的知识，和更多的大师对话啦！而所要增设的四大课程是什么呢？

  分别是科学、经济学、哲学和美学。

  好了，咱们快跟随几位少年一起，去看看少年通识学院里的这些课程吧。

  准备好，他们的课程要开始喽！

人物介绍

魁小星：少年通识学院的智能机器人,课堂引导人,拥有神奇的大师召唤术。

夏夏：学院里的捣蛋鬼,受家庭影响,经济学是他学得比较好的学科。

曼曼：爱美的漂亮女生,热爱美学,性格乖巧,乐于助人。

小白：可爱的微胖女生,爱思考,爱哲学,爱打抱不平。

冬冬：学霸,酷爱一切高科技,偶像是普朗克、爱因斯坦等伟大的科学家。

同学们好,本学期的美学课堂开始啦!美,无处不在,无处不有。人们喜欢美,进而探究美,于是诞生了美学。美学是研究美的学科,它从哲学、艺术、文化、社会等多个角度出发,探讨美的本质、人类对美的感受和认知,以及按照美的规律进行创作的一般原则。

美学起源很早,古希腊时期的先哲们就已经对美的本质和意义展开了深入的思考。对于美是什么,每位哲学家都有自己的看法,比如柏拉图说:"美是理念";车尔尼雪夫斯基说:"美是生活";中国古代的道家认为:"天地有大美而不言"……

本学期,学院特别邀请了一些伟大的美学家来为大家讲授美学课,譬如柏拉图、毕达哥拉斯、老子、庄子等。希望同学们能够学好美学知识,并把这些知识运用于自己的学习和生活中,进而在漫长的人生旅程中与美为伴。

美学课程表

捕捉美的小能手 / 001

跟着五柳爷爷去郊游 / 011

藏在青铜器里的小秘密 / 022

孔夫子的快乐必修课 / 033

一颗美丽的心 / 044

柏拉图的真善美 / 055

时髦的手串 / 065

和亚里士多德一起去健身 / 075

了不起的《大卫》 / 085

古诗词里的柳树"活"了 / 096

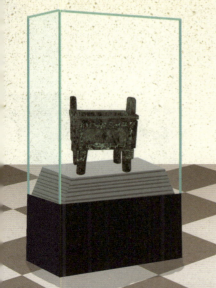

美学课程表

李白爷爷酒壶里的诗词 / 107

王国维的绝美意境 / 117

画卷里的水墨精灵 / 127

毕老师的黄金分割 / 136

神奇的节奏与韵律 / 146

打开色彩的魔法盒 / 155

百水先生的童话王国 / 164

小白的偶像毕加索 / 173

动起来,大胆去艺术创造吧! / 184

做热爱生活的小艺术家 / 194

捕捉美的小能手

今天是学校的第一堂美学课,曼曼、冬冬、小白早早地来到学校等待上课。而姗姗来迟的夏夏一进门就吸引了众人,原来,他在校服外套上夸张地装饰了很多水钻、亮片和流苏,整个人看起来闪闪发亮。同学们看着他,顿时笑出了声。

小白笑着说:"你在外套上挂这么多亮晶晶的东西干吗?"

夏夏得意地说:"当然是迎接美学的第一堂课啦。"

冬冬皱着眉说:"我们是上美学课,又不是表演课,你这也太离谱了吧?"

夏夏回道:"这有什么区别嘛,美学课不也是教我们了解美、欣赏美吗?"

小白用手捂着鼻子说:"哎哟,你还喷了香水呀,这是喷了多少呀?也太刺鼻了吧?再说,你挂这么多奇奇怪怪的东西在衣服上,我可没看出哪里美。"

夏夏撇了撇嘴,反驳道:"怎么不美?亮闪闪的,多炫酷呀!"

大伙儿笑道:"哈哈,我们觉得你闪亮得好刺眼!"

夏夏生气地喊道:"你们……"

"好啦!"魁小星突然冒了出来,"同学们,今天是第一节美学课,这节课要到学校后面的森林里上。"

"哇,这可太棒了!"少年们齐声欢呼道。

不一会儿,大家就来到了学校后面的天然森林。树木郁郁葱葱,草中小花零星,山间小溪潺潺流淌,远处依稀的高山上,瀑布如白练般倾泻而下。魁小星宣布:"同学们,这节课的主题是发现自然美,大家可以开动起来了!"

曼曼看到此番美景,嘴巴张得大大的:"想不到学校还有这么美的地方!"

"美吧?"魁小星笑嘻嘻地问,"你们觉得这里什么最美呀?"

小白立刻注意到眼前的小花,她指着花说:"我认为花是最美的!"

正说着,一只漂亮的蝴蝶落在了花上,曼曼眼疾手快地一把捉住了蝴蝶,说:"我觉得蝴蝶更美,它还会飞哦!"接着,曼曼把那只蝴蝶放进了随身带的空塑料水瓶里,并拔出吸管,好让蝴蝶可以透气。

夏夏一脸不屑:"依我看,这棵古树最美,看上去至少也有上百年了吧?枝叶繁茂,历经沧桑却屹立不倒。"

"要论时间,树木可比不过石头!"冬冬指向溪涧边的那块砚形的大黑石,"我倒是觉得这块大石头最美,形态特别,默默无闻。简单、低调也是一种美。"

四个少年争执起来,都说自己发现的那个是最美的。

曼曼:"别吵了,我们还是找魁小星评一评吧!"

魁小星有点儿尴尬地说:"亲爱的同学们,这个问题嘛,就请我们今天的讲师,中国古代杰出的思想家——老子先生,给你们解答吧。"

只见浓雾弥漫的山林间,一位身着麻色长袍的老人,骑在一头大青牛上缓缓前行,老人须发皆白,银丝一样的头发用一根簪子绾着,盘在头顶。

老子
中国古代思想家、哲学家、文学家，道家学派创始人，与庄子并称"老庄"。

知识小拓展
他们眼中的美

在老子先生眼里，自然最美。那么，关于"什么最美"这个话题，大家纷纷发表了自己的观点。

跟着五柳爷爷去郊游

市中小学生航模比赛启动在即，小白、曼曼、冬冬、夏夏组成一个小组报名参加了比赛，他们四人也因为赛前准备忙得焦头烂额。

"我觉得这个零件应该这样放，你们认为呢？"冬冬拿着一个小零件，指着即将完工的滑翔机，看向大家，信心满满地说道。

"对对对！"

小白应承着，夏夏也频频点头，只有曼曼有点儿担忧。

曼曼知道冬冬是学霸、科学小天才，但她还是有一些和他不同的意见。不过，看了看一脸自信的冬冬和满心期待着她回答的小伙伴们，她还是没有发表自己的看法。她担心自己的看法会被他们嘲笑，毕竟她在科学方面并不擅长。所以，她回给大伙儿一个微笑，也认同了冬冬的提议。

航模比赛开始了，选手们个个摩拳擦掌，比赛热火朝天地进行着。孰料，冬冬他们组的滑翔机没飞多远就坠落了。毫无疑问，他们小组在比赛中落败。

大家的心情糟透了，几个人闷闷不乐地回到了学校。

今天是第二次上美学课，他们刚到教室，魁小星就闪了进来，它一眼就发现了情绪不佳的四位同学。魁小星咧开它的金属大嘴，笑嘻嘻地说："今天是美学的第二课，为大家讲课的老师是大名鼎鼎的五柳先生。"

"五柳先生是谁？"夏夏抬起头问道。

小白皱着眉头撇撇嘴:"你不知道五柳先生吗?五柳先生就是我国古代著名的田园诗人——陶渊明呀!"

夏夏不好意思地挠了挠头。

魁小星看着大伙儿,笑呵呵道:"今天的课程就安排在室外啦!"

它一边说,一边放出蓝色的光波,打开了一个空间——古风盎然的郊外乡村出现在眼前,远山如黛,田间阡陌,农夫劳作,老牛耕地;近处农舍,柴扉园圃,松菊相彰,鸡犬相闻。

"快来啊!这儿就是今天的讲师陶渊明的家,这是他家的菊圃!"魁小星兴高采烈地招呼着大家。

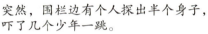

知识小拓展
大师们的朋友圈

朋友圈

 谢灵运
南北朝文学家、山水派诗人鼻祖。
池塘生春草，园柳变鸣禽。

> 世人皆说我影响了后代文人，他们纷纷效仿我过上了山水田园生活。老夫刷到了他们的朋友圈，真是各有各的潇洒！

 王维
字摩诘，唐代诗人、画家，人称"诗佛"。
独坐幽篁（huáng）里，弹琴复长啸。
深林人不知，明月来相照。

 孟浩然
唐代山水田园派诗人，与王维并称"王孟"。
故人具鸡黍（shǔ），邀我至田家。
绿树村边合，青山郭外斜。

藏在青铜器里的小秘密

今天这节课是在博物馆里上的,同学们刚兴致勃勃地走进青铜器展厅,就被立在门口的一个大鼎吸引住了。

鼎的腹部是一个硕大的长方体,底下有四个像柱子一样的足,口部两条短边的上方立着两个大耳,四周铸有纹饰,整体的高度跟一名三年级的小学生差不多。

"哇,是商后母戊鼎!"冬冬兴奋地说,"它可是我国乃至世界发现的最大的青铜器呢,它的腹部内壁铸有'后母戊'三个字。"

"'大'我是看出来了,可'美'是一点儿也没发现。真不明白,老师为什么要把美学课安排在这里上。"夏夏撇了撇嘴并摇了摇头。

"你难道不知道青铜器是传承了数千年的艺术瑰宝?你平时还是要多看点儿书,免得被别人笑话没文化。"曼曼拍了拍夏夏的肩膀,反驳道。

"我哪里没文化?这些看起来锈迹斑斑的东西的确没有什么美感可言啊!"夏夏红着脸为自己辩驳。

"你懂什么?后母戊鼎形制巨大,有着雄伟庄严之美。"冬冬略带严肃地解释道,"你看,鼎身四周都铸有精巧的盘龙纹和饕餮(tāotiè)纹,正体现了它的美。老师说了,美除了用眼睛去观察,更要用心去体会呢。"

"冬冬说得没错,青铜器所独有的美并不是普通人能够发现的,需要我们在了解青铜器的基础之上细细品味。所以,今天的课就相当重要啦。老师会给大家详细讲解青铜器的美。"魁小星笑眯眯地现身了。

大家纷纷点头，表示赞同。

"那今天的老师是谁？"夏夏迫不及待地问。

"今天的老师也是大家熟悉的，相信没有谁不知道她的名字、没读过她的作品。"魁小星卖了个关子说道。

话音刚落，一阵轻盈的脚步声传了过来。

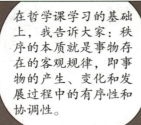

放学回家后，夏夏将房间收拾得干净整洁。

小白收拾家里的橱柜，将碗从大到小一层一层向上垒放，铲子和勺子也从大到小排列。

冬冬将书柜里的图书按教科书、工具书、文学书、图画书分门别类归纳好。

曼曼在裙子上绣上了排列整齐的小花，分外好看。

知识小拓展
那些有趣的青铜器

一直以来青铜器给人的感觉都是庄严肃穆的，但实际上也有不少青铜器走的是趣味路线。

> 我叫"人面龙纹盉（hé）"，是商晚期的青铜器。相传，我是在河南安阳出土的。

人面龙纹盉
商晚期青铜器，收藏于美国费利尔美术馆。

> 我叫"亚醜钺"，是商代的青铜器，怎么样，我咧嘴笑的表情是不是很呆萌？

亚醜（chǒu）钺（yuè）
1965年出土于山东青州苏埠屯，现藏于山东省博物馆。

> 我叫"鸮卣（xiāoyǒu）"，是商代的青铜器，我长得是不是很可爱？

鸮卣
山西博物院馆藏的商代青铜器，鸮是猫头鹰，鸮卣则是一种酒器。

孔夫子的快乐必修课

又到了上美学课的时间,同学们早早来到教室等候。夏夏托着腮,长叹一口气后说:"我觉得这课上着真没啥意思!"

"为什么?"小白一头雾水。

"常言道,爱美之心人皆有之。这说明发现美、喜欢美应该是人的本能。既然是本能,那为什么还要花时间和精力来学习呢?"夏夏皱了皱眉。

"我不赞同你的说法。学校既然开设这门课,肯定是有价值的!"小白肯定地说。

"那你说说有什么价值?"夏夏不服气地问。

"这……这……"小白支支吾吾,脸唰地一下红了。

"我觉得学习美学能让我们更好地发现美、欣赏美。就像语言能力,虽然我们身处一定的语境就会慢慢掌握,但要想精通,还是需要学习才行。"冬冬说。

"我以前画画是随心所欲,自从上了美学课后,就会有意识地把学到的相关知识运用到自己的作品中,比如李清照老师讲的'秩序美'。学习美学的收获还是很大的。"曼曼颇有感触地说。

夏夏咬了咬嘴唇,想说什么,可一个字也说不出来。

"冬冬和曼曼讲得不错。"魁小星笑眯眯地说,"不过,夏夏的问题也问得很好。"

"啊？"众人将不解的目光齐刷刷地投向魁小星。

"因为他的问题恰好就是今天课堂上会讲到的内容。很多人对美学存在误解。有的认为美学无用，和夏夏的观点类似，而有的将美学等同于美术。我们需要搞清楚学习它的意义。"魁小星答。

"今天的老师是谁呢？"小白迫不及待地问。

"一位老熟人，放眼全国，乃至全世界，可谓无人不知无人不晓。"魁小星又卖起了关子。

"你每次介绍就不能痛快一点儿吗？"曼曼噘起了小嘴。

"给你们一个提示吧。为了在全世界推广汉语，我国和全球约127个国家合作建立了专门教外国人学中文的机构。这个机构就是以他的名字命名的。"魁小星用敬佩的口吻说。

"是孔子吗？"大家异口同声地问。

"没错，正是老夫！"一个浑厚有力的声音从门外传来。

知识小拓展
孔子的"绘事后素"

孔子曾和子夏讨论过美的话题。子夏请教孔子"巧笑倩兮,美目盼兮,素以为绚兮"这几句话什么意思。孔子回答他先有白底,然后再画画。孔子的回答让子夏一头雾水,子夏又问孔子:"礼乐是不是在有了仁德之心之后才有的?"孔子说子夏真是能启发他的人,现在可以同子夏讨论《诗经》了。

子夏
卜商,春秋末期思想家、教育家,孔子的学生。

孔子认为,礼节仪式同内心的道德品行应该是一致的,就像绘画一样,如果在被污染了的纸上去绘画,是无法绘出美丽的图画的。

一颗美丽的心

夏夏兴冲冲地跑进教室，一边将巧克力递给小伙伴，一边笑眯眯地说："快尝尝我爸爸给我带回来的巧克力，可好吃了！"

冬冬和曼曼都迫不及待地把巧克力往嘴里塞，然而小白咽了咽唾沫，摆摆手，婉拒了夏夏。

"小白，你为什么不吃呢？你不是最喜欢吃甜食的吗？"夏夏疑惑地看着小白，嘟了嘟嘴。

"我……我减肥呢，所以不能吃这些热量高的东西。"小白有些不好意思。

"减肥？"大家不约而同地惊呼起来。

"小白，你又不胖，为什么要减肥呢？难怪你这几天吃得比较少，这对身体不好啊！"曼曼关切地问。

"哎！实话和你们说吧。前几天，有人笑话我长了一张大包子脸，所以我想把脸瘦下去。"小白耷拉着脑袋，遮掩着自己的自卑。

"小白，那些喜欢嘲笑别人的人，才是丑陋的！你善良、真诚，有很多闪光点，为什么要去在乎他们的目光？"冬冬发自肺腑地说。

"我们已经上了好几次美学课了，知道人人都喜欢美好的事物。我当然也不例外，我不想因为丑被人嫌弃，所以我一定要让自己美丽起来。"小白眼神无比坚定。

"可是真正的美并不是外貌呀，而是人的心灵。"冬冬继续劝说。

"难道那些长得漂亮的人不能算真正的美丽?"小白不解地问。

"也不能说不能算,只是……只是……"冬冬支支吾吾的,抓耳挠腮。

"这个问题我们还是请大师来讲吧!"魁小星不知从哪里冒了出来。

"今天的讲师是谁呀?"夏夏好奇地问。

"是来自法国的大文豪维克多·雨果。"魁小星答。

"我家有他写的《巴黎圣母院》《悲惨世界》,妈妈说写得非常好,只可惜我还没有来得及看。"曼曼说。

"雨果在他的这些作品里都严肃地探讨了外貌美和心灵美,他还崇尚用美丑对照的原则来表达自己的思想。雨果老师应该快到了,让咱们用热烈的掌声来欢迎他吧!"魁小星兴奋地说。

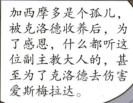

知识小拓展
大师看心灵美

关于心灵美，众大师纷纷发表了自己的看法。

"身体的美，若不与聪明才智相结合，只是某种动物性的东西。"

德谟克利特
古希腊哲学家、原子唯物论创始人。

"生命短促，只有美德能将它流传到遥远的后世。"

莎士比亚
英国著名剧作家、诗人。

"人并不是因为美丽才可爱，是因为可爱才美丽。"

托尔斯泰
19世纪俄国著名作家、政治思想家、哲学家。

"美貌开始是令人倾心的，但在家里放三天后，谁还会再瞅它一眼呢？"

萧伯纳
爱尔兰剧作家，曾获诺贝尔文学奖。

柏拉图的真善美

冬冬走进教室时看见曼曼正在神情凝重地捧着一本书读,他忍不住问道:"曼曼,你在看什么书呢,这么专注?"

"嘻嘻,是柏拉图的《对话录》。"曼曼笑了笑。

"你怎么选择看他的书?应该很深奥吧?"冬冬有几分不解。

"咱们最近不是在上美学课嘛,我听说柏拉图是让美学成为一个思想体系的第一人,要想学好美学得从了解他开始,所以我就找了他的书来看。"曼曼坦诚地对冬冬说道。

"柏拉图的书呀?"夏夏也凑了过来。

"柏拉图是古希腊伟大的哲学家,也是整个西方文化中最伟大的哲学家和思想家之一。他的老师是苏格拉底,亚里士多德是他的学生,他们三位被称为希腊三贤。"冬冬说。

"曼曼,你好厉害,竟然能读柏拉图的书!"小白露出崇拜的眼神。

"哪里呀,我也只是随便翻翻,里面好多内容我都理解不了,正头疼呢。"曼曼皱了皱眉头。

"有那么难吗?"夏夏问。

"你可以看看这句话,'这美本身加到任何一件事物成其为美,不管它是一块石头,一个人,一个神,一个动作,还是一门学问',你能明白是什么意思吗?我是百思不得其解。"曼曼叹了口气。

"这……这……"夏夏红着脸,抓耳又挠腮。

"真的好难懂。还是问问魁小星吧!"冬冬提议道。

于是大家呼叫起了魁小星,把这个难题抛给了它。

魁小星想了想,说:"我为大家请了一位讲柏拉图学说的老师,我想这个世界上没有谁比他更适合了。"

"是谁?"大家异口同声地问。

"当然是柏拉图自己啦!他本身就是老师,他当年在希腊创办了欧洲的第一所综合性学校,名叫柏拉图学院。"魁小星笑眯眯地说。

"太好啦!我们居然可以成为柏拉图的学生!"少年们瞬间兴奋起来。

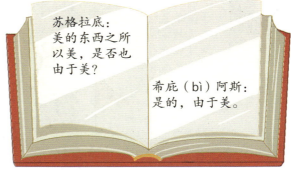

知识小拓展
文学大师看真善美

> 凡是真的、善的和美的事物，不管它们外表如何，都是简单的，并且相似的。

歌德
德国著名思想家、作家、科学家，著有《浮士德》等。

> 我宁愿用一小杯真善美来组织一个美满的家庭，也不愿用几大船家具组织一个索然无味的家庭。

海涅
德国抒情诗人和散文家，被称为"德国古典文学的最后一位代表"。

> 真善是紧密结合在一起的。在真和善之上加上一种稀有的光辉灿烂的情境，真或善就变成美了。

狄德罗
法国启蒙思想家、哲学家、戏剧家、作家，百科全书派代表人物。

时髦的手串

这天,夏夏捧着一个小盒子兴冲冲地跑进教室,对着三个小伙伴说:"快看,我给你们带了好东西,保证你们会喜欢!"

冬冬、曼曼、小白立即围了过来。

夏夏打开盒子,只见里面放着几条亮晶晶的手串。

"夏夏,你是要我们戴这些手串吗?可学生在学校不适合戴这样的饰品呢。"小白好奇地问。

"这手串不是戴的,是盘的。"夏夏一边说,一边将一串手串放在手里盘了起来,清脆的碰撞声瞬间响了起来。

其他三人都目不转睛地看着夏夏的手。

"夏夏,你怎么盘起手串了?这不是一些大人喜欢做的事情吗?"曼曼不解地问。

"你们难道不知道现在流行盘手串吗?我是特地买来送给你们的,一人一条,一起盘,那多有意思!"夏夏嘿嘿地笑着,准备把手串递给大家,"你们赶紧拿过去吧,试试手感。"

"谢谢你的好意,我对这个实在没有什么兴趣。"冬冬挡住了夏夏准备递过来的手,摇摇头表示了婉拒。

"啊,你怎么能没兴趣?现在很多小学生都玩这个呢。"夏夏失落地噘起了小嘴。

"不一定大家喜欢的，我也要喜欢呀。相比于盘手串，我更愿意一心一意地看书。"冬冬解释道。

"夏夏，流行的东西我们不一定要跟风嘛！"魁小星悄无声息地登场了，"在美学上，我们也不要一味地追求流行美。"

"难道流行美不是美？"夏夏一头雾水地看着魁小星。

"我的意思是无论是审美，还是其他事情，都要有自己的判断力。"魁小星严肃地回答。

"那该怎样去判断呢？"小白问。

"嘿嘿……"魁小星没有说话，一个劲儿地笑。

"你们还不了解魁小星吗？这个问题肯定是今天的老师来讲，至于老师是谁，它又要卖关子啦！"曼曼的话像连珠炮一样。

"曼曼果然了解我。大家快坐好吧，老师就快到了。"魁小星将目光投向教室的大门。

知识小拓展
古代引领时尚的人

黄帝

传说黄帝设计了一款可以360°全方位无死角遮蔽身体的衣服。

西施

设计了长裙,以及一种专门用来配这条裙子的木质高跟鞋。

谢灵运

发明了谢公屐(jī),鞋底安有两个可随意拆卸、安装的屐齿,上山时去掉前齿,下山时卸后齿,具有舒适、省力、防湿、防滑等优点。

和亚里士多德一起去健身

学校的小操场上，冬冬和夏夏正在打羽毛球，他俩你来我往，战得不亦乐乎。这时，曼曼和小白撑着太阳伞缓缓走过来。

冬冬看见她们后停了下来，说："夏夏，要不叫上两位女生，来试试混合双打？"

夏夏擦了擦头上的汗水说："好呀，这个考验队友之间的配合，比较有意思。"

然而曼曼和小白拒绝了他俩的邀请。

"我们不想累，也不想晒黑。"曼曼把头摇得像拨浪鼓。

"出那么多汗，会有汗臭味，我可受不了。"小白微微皱了皱眉头。

"运动是件很快乐的事情啊，你们怎么会不喜欢呢？"夏夏无奈地耸耸肩。

"你们难道不知道运动也会让人变美吗？"冬冬扶了扶眼镜，严肃地说。

"你是说运动可以减肥吧？可我和小白不需要。"曼曼撇了撇嘴。

"不仅是瘦身哟，运动能带给人健康美！"冬冬微笑着说。

"健康美？是不是那种通过健身练出腹肌、马甲线什么的？"小白瞪大眼睛问道。

"呃……这个嘛……应该属于健康美的一部分吧！"冬冬沉思片刻后才回答。

"敢情你自己也并不是太清楚啊！嘻嘻嘻……"曼曼和小白捂着嘴笑了起来。

"冬冬说得没错呢！运动的确能给人带来美。所以，我今天特地请了位大师来给大家讲讲这方面的知识。"正朝他们走来的魁小星恰巧听到了他们的谈话。

"是哪位老师?"夏夏迫不及待地问。

"是柏拉图老师最得意的学生,你们应该知道的。"魁小星微笑着说。

"是亚里士多德老师!"众人异口同声地回答。

"没错,上课时间快到了,大家赶紧跟我去上课吧。"说完,魁小星带着四位小同学,从教室走了一圈,又叫上其他同学,一起来到了学校的展厅。

知识小拓展

那些热爱运动的科学家

"我是足球爱好者,曾和弟弟哈那德·玻尔共同参加职业足球比赛。"

尼尔斯·玻尔

哥本哈根学派带头人,丹麦著名物理学家,诺贝尔物理学奖获奖者。

"我可是世界长跑的顶尖选手。"

艾伦·麦席森·图灵

计算机科学之父、人工智能之父、计算机逻辑的奠基者。

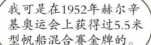

"我可是在1952年赫尔辛基奥运会上获得过5.5米型帆船混合赛金牌的。"

布里顿·钱斯

宾夕法尼亚大学教授,瑞典皇家科学院院士、美国国家科学院院士。1955年,曾获诺贝尔奖提名。

了不起的《大卫》

教室里,几个小朋友正在热火朝天地讨论自己的理想。冬冬说:"我真想成为一个像亚里士多德老师那样的智者,什么学科都精通。"

曼曼说:"我的目标可没有你那么远大,能做一个对社会有用的人其实就可以啦!"

小白想了想说:"嘿嘿,我的理想和曼曼一样,至于长大以后具体做什么,现在还没有考虑好呢!"

夏夏大声喊道:"我的理想嘛,是在不断变化的。最近觉得能做个雕塑家也很不错。"

"雕塑家?你怎么突然对这个感兴趣啦?"曼曼目不转睛地看着夏夏。

"前些天,爸爸带我去参观了雕塑展览,虽然有些是复制品,但也特别精彩。我恨不得自己也能用双手创造出那样的作品。"夏夏激动地回答。

"都展出了什么作品?"小白问。

"有《大卫》《摩西》《圣母百合花》《天神》……总之好多好多,我的眼睛都不够用。"夏夏如数家珍。

"这些作品都是文艺复兴时期的经典之作呀。"冬冬缓缓讲出。

"真不愧是学霸,连这些都知道。"曼曼竖起了大拇指。

"是因为它们太有名了。尤其是《大卫》,我看过不少书上都提到它是文艺复兴时期最具代表性的雕塑作品,甚至是世界雕塑史上最伟大的作品之一。"冬冬无比崇拜地说。

"文艺复兴是什么意思?"夏夏一脸茫然。

"欧洲历史上一个很重要的阶段,像达·芬奇、莎士比亚,都是那个时代涌现出来的名人。"冬冬回答他。

"原来你们在谈论文艺复兴呀!"魁小星悄无声息地出现在大家面前,"刚好,今天的美学课的主题就是文艺复兴时期的美学思想。"

"太好啦!能不能让老师也讲讲雕塑之美?"夏夏急切地说。

"嘻嘻,你赚到了,今天的授课老师是米开朗基罗。"魁小星笑眯眯地回答。

"哇!米开朗基罗!《大卫》的作者!"曼曼兴奋地喊起来。

魁小星点点头。这时,教室的大门被轻轻推开,一个留着络腮胡的纤瘦身影走了进来。

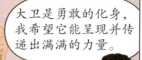

知识小拓展
文艺复兴时期的"美术三杰"

我是达·芬奇,我的作品《蒙娜丽莎》应该无人不知无人不晓吧?

列奥纳多·达·芬奇

意大利文艺复兴时期画家、自然科学家、工程师,与米开朗基罗、拉斐尔并称"文艺复兴后三杰"(又称"美术三杰")。

除了《大卫》外,我的代表作还有相当震撼的巨幅天顶画《创世纪》。

米开朗基罗·博那罗蒂

意大利文艺复兴时期伟大的雕塑家、绘画家、建筑师和诗人。

我的作品《雅典学院》,可是文艺复兴最盛时期美术形态和空间和谐理想的高峰!

拉斐尔·桑西

意大利著名画家,也是"文艺复兴后三杰"中最年轻的一位。

古诗词里的柳树"活"了

教室里,曼曼正捧着一本书轻声读着:"秋到边城角声哀,烽火照高台。悲歌击筑,凭高酹(lèi)酒,此兴悠哉。多情谁似南山月,特地暮云开。灞桥烟柳,曲江池馆,应待人来。"

"曼曼,你在读什么?"小白好奇地问。

"我在读词啊,这是陆游的词,名叫《秋波媚·七月十六晚登高兴亭望长安南山》。"曼曼一板一眼地回答。

"你怎么读到这首词了呢?"小白追问道。

"昨天妈妈给我讲陆游的诗词,说到这句'灞桥烟柳,曲江池馆,应待人来'时,问我用了什么修辞手法,我当时就蒙了……"曼曼叹了口气。

"从字面上看,不就是拟人吗?"冬冬凑过头来,一脸自信地说。

"答案可不只是拟人哟!"曼曼很认真地说。

"还有什么?让'灞桥烟柳'和'曲江池馆'像人一样等待其他人来,应该是只用了拟人吧?"冬冬问道,面露尴尬。

小白和夏夏也一头雾水地望着曼曼。

"我妈妈说这一句还用了移情的修辞手法。"曼曼回答道。

"啥?移情?这是什么意思?"三人异口同声地发出疑问。

"妈妈还没来得及给我讲,就去忙别的事情了。我这会儿读这首词,想试着体会出移情到底是什么意思,只可惜我怎么都想不出。"曼曼咬了咬嘴唇。

"嘻嘻,要想知道移情是什么,必须得听今天的美学课!"魁小星突然冒了出来说道。

"不是说这是修辞手法吗?难道不应该是在语文课上学吗?怎么美学课也讲这个?"曼曼的脸上满是问号。

"想知道原因,那就好好听课吧。"魁小星狡黠一笑。

"那我们今天的老师是谁呢?"夏夏问了他最关心的问题。

"今天的老师就是陆游哦!怎么样,不错吧?"魁小星笑眯眯地说。

"太棒了,陆游可是我非常崇敬的爱国诗人!"冬冬兴奋地喊道。

"哈哈,这话说得让老夫欣喜若狂。"一个浑厚的男声从教室外传来。

知识小拓展
那些移情的古诗词

来来来,看看这些运用了移情的诗词。

杜甫
《春望》:感时花溅泪,恨别鸟惊心。

白居易
《长恨歌》:行宫见月伤心色,夜雨闻铃肠断声。

苏轼
《水调歌头》:不应有恨,何事长向别时圆。

柳宗元
《南涧中题》:羁(jī)禽响幽谷,寒藻舞沦漪(yī)。

李白爷爷酒壶里的诗词

今天是中秋月圆夜,曼曼、小白、冬冬、夏夏和魁小星一起在学校旁边的花园里赏月。

夏夏看了看月亮,咬了一口月饼说:"我有个问题想不出答案,你们帮我参谋一下吧。"

"什么问题?"其他三人不约而同地将头朝向夏夏。

"我最近在看一本关于古代诗词的书,发现那些诗人、词人借月亮表达的内容似乎都差不多,要么是思念,要么是永恒,要么是美好,很少见到有其他的。这是为什么呢?"夏夏挠了挠头。

"我也发现了。诗人、词人们写柳树,不是表达依依惜别之情,就是赞美春天的美、女性的美,感觉有些雷同。"曼曼将不解写在了脸上。

"这个问题的答案我也想不出来,但我觉得诗人、词人都是博学多才的,这样做肯定有特别的用意。"小白说道。

"我赞同小白的说法。尽管诗人、词人们写的景物相同,表达的情感相似,但不同的诗词还是有不同的韵味。"冬冬肯定道。

"嘿嘿,大家的进步很大哦,现在都能主动去思考这些深奥的问题了。"魁小星竖起了大拇指。

"魁小星,你快给我们讲讲是怎么回事吧。"夏夏连月饼也顾不上吃了。

"你们讨论的月亮、柳树,是古诗词中的意象。"魁小星不紧不慢地说。

"意象?这是什么意思?"小白迫不及待地问。

"这个嘛,我还是请个专业人士来讲比较好。"魁小星又卖起了关子。

"是谁呢?我猜肯定是位大诗人。"曼曼托着腮。

"他嘛!名气非常大。可谓老幼妇孺,无人不知无人不晓,你们从小背的诗有不少都是来自他的作品。"魁小星狡黠一笑,继续说道,"他除了爱写诗外,还好喝酒。"

"莫非是李白?"曼曼兴奋地喊了出来。

魁小星清了清嗓子,庄重地说道:"下面,有请号称'诗仙'的李太白老师来为大家讲解一下古典诗词中的意象美。"

知识小拓展
那些古诗词里的"常客"

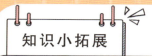

下面,我带大家一起看看古典诗词中常见的意象。

落花(落红、残红)多传达青春易逝、人生无常的深沉喟叹和哀愁,如晏(yàn)殊的《浣溪沙》:"无可奈何花落去,似曾相识燕归来。"

流水常和绵绵的愁思连在一起,如李煜的《虞美人》:"问君能有几多愁,恰似一江春水向东流。"

乌鸦多传达衰亡、凄楚、哀婉之情,如辛弃疾的《永遇乐》:"可堪回首,佛狸祠下,一片神鸦社鼓。"

吹笛(吹箫、吹笙)多传达离别之苦、相思之情和内心的孤寂,如王之涣的《凉州词》:"羌笛何须怨杨柳,春风不度玉门关。"

王国维的绝美意境

自从陆游、李白两位大诗人为同学们讲过课后,冬冬、曼曼、夏夏和小白对唐诗宋词产生了浓厚的兴趣。

四个少年此时正聚精会神地吟诵诗句,突然,夏夏停了下来,托着腮问道:"太白老师说的那个'意境'到底是什么意思呢?这几天我都在思考,可是怎么都想不明白。"

"看来,太白老师不光写诗厉害,在激起学生探索欲这方面也是个高手啊。我还从来没见你对待学习如此认真过。"曼曼捂着嘴笑起来。

"曼曼,我的心现在像是被猫抓的一样,你怎么还忍心取笑我。"夏夏噘起了小嘴。

"夏夏,我能理解你此刻的心情,就跟我之前看推理小说,总想立刻就知道真相一样。"冬冬凑过来,拍了拍夏夏的肩膀。

"哎呀,你们急什么嘛!今天的课一定会揭晓答案的。"小白不慌不忙地说。

"小白说得没错,一会儿你们好好听课吧!"魁小星笑眯眯地现身了,"我是真没想到,你们对古典诗词的兴趣这么浓厚。"

曼曼陶醉地说:"因为它们美啊,虽然到底怎么美,我无法用言语表达出来,但就是觉得很喜欢。"

"我也这样觉得。"小白附和道。

"魁小星,今天讲课的老师还是太白老师吗?"冬冬问。

"不是哟,我给你们请了一位更适合讲这个主题的老师。"魁小星答。

"谁?"夏夏来了精神。

"你们应该都知道的一位国学大师,他在国际上也颇负盛名呢!至于到底是谁,还是稍等片刻吧。"魁小星欲言又止。

"魁小星,你不厚道……"夏夏的眉头微微皱了皱。

"夏夏,我就是想磨磨你的急性子。"魁小星嘿嘿笑起来。

"咚咚咚——"一阵厚重的脚步声传了进来。

知识小拓展
诗词里的那些冷知识

杨花榆荚无才思,惟解漫天作雪飞。
——出自唐代韩愈的《晚春》

这里的杨花不是花,而是柳絮——柳树的种子,有白色的绒毛。

兰陵美酒郁金香,玉碗盛来琥珀光。
——出自李白的《留客中行》

诗里的郁金香不是我们常指的郁金香花,而是中药郁金,浸酒后呈金黄色。

山重水复疑无路,柳暗花明又一村。
——出自陆游的《游山西村》

山西村在山西吗?

这里的山西村可不在山西,而是在陆游的故乡山阴,今浙江绍兴。

画卷里的水墨精灵

小白、夏夏和冬冬有说有笑地去上美学课,刚进门,就被眼前的一幕惊呆了。因为他们的同学曼曼正站在课桌前,握着毛笔聚精会神地对着宣纸挥毫泼墨。

"曼曼,你在画国画?"夏夏快步冲到跟前问。

"是呢,我喜欢画国画!"曼曼擦了擦额头的汗珠。

"曼曼,你之前不是说长大以后要当芭蕾舞演员吗?难不成你的梦想又变了?"小白笑嘻嘻地问。

"难道不能允许我同时喜欢芭蕾和国画吗?它们都是艺术啊!"曼曼一本正经地回答。

站在一旁的冬冬在仔细观察了曼曼的画后问道:"曼曼,你这画的是什么?我没太看出来。"

曼曼有些激动地说:"你怎么能没看出来呢?我临摹的是张大千的《泛舟图》,你看,那远处是山,中间是船和人,旁边是芦苇。"

"听你这么一讲,我好像能看出来了。"冬冬一边点头,一边肯定道。

"国画可是我国的艺术瑰宝,你们都应该好好学一学。"曼曼模仿老师的口气说道。

"曼曼,我有一个问题,画面上为什么很多地方都是空白?这国画画得也太简单了吧?"夏夏不解地问道。

"这……这个嘛,我也不知道,我只是照着画。"曼曼顿时脸红了,支支吾吾地说。

"我想,这应该就是画家的留白吧?之前在孔子老师的课上,魁小星提过留白是为了不让画面过满,体现出中和之美。"小白想了想说道。

"留白的作用可不仅仅在于此哟,我今天特地请了一位大师来讲解这方面的知识,同时带大家领略水墨画之美。"魁小星嗖地一下出现在大家面前。

"好的,那我们就耐心地等待老师吧。"夏夏说。

"咦,你今天怎么不好奇是哪位老师了?"魁小星问。

"估计是觉得就算问了你,你也不会说吧!哈哈哈……"伴随着笑声,一位仙风道骨,长须长袍的银发老人迈着矫健的步伐走了进来。

好壮观呀!

在我生活的元代,水墨之风尤为兴盛,我也画了不少。瞅瞅,这就是我的《洞庭奇峰图》。

我看到画上有不少留白。

留白就是那些空着没画的地方吧?

是的。留白的确是笔墨未到之处,然而这些空白的形成并不是因为没有可画的对象,而是作画之人有意为之。

留白是水墨画的技法,黑与白形成对比,白是构成画作的一部分。

你们看图上部,山与山之间有不少留白,你们知道这是为什么吗?

大山深处通常会云雾缭绕,这留白应该是想表现云雾吧?

正是。

你们再看下方的留白,那里应该是什么?

我看有小船,应该是湖水吧?

所以,很多时候留白并不是空白,并不是什么也没有,它是天空,是云雾,是河流……

继续看画面中的山石,你们看出了什么?

我看您只用墨色表现了山石的大体轮廓,山石的主体部分都留白了。

我让黑、灰夹杂着白是为了让山石表现得更加立体和真实。树木也是如此。

我感受到了,仿佛景色就在眼前一般。

整个画面也因此变得有层次。

留白还可以充分地突出绘画的主体。

其实很多画家绘画的时候并不是将看到的景物完完全全复原到纸上,而是围绕绘画的主体将其他绘画对象进行取舍。

知识小拓展
那些艺术形式中的留白

笔断意连

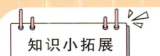

休止符　　　休止符

音乐上的留白

音乐中的休止（停顿），可以出现在乐曲的开头、中间和结尾。

书法上的留白

笔断意连，感觉两个字断开了，但是在意境和笔迹上却是相连着的。

摄影中的留白

画面中特意留出空间，突出主体，让画面简洁，产生意境。

小说中的留白

例如鲁迅的小说《孔乙己》"这……下回还清罢。""跌断，跌，跌……"用省略号来代替下面的语言，给读者更多思考的空间。

毕老师的黄金分割

今天,同学们应邀来到学校的美术馆,带着好奇心等待新老师来上课。

一进入富丽堂皇的大厅,一尊巨大的乳白色大理石雕塑瞬间映入同学们的眼帘——雕塑是一位古代的外国女子,半身赤裸,婀娜而立,但没有双臂。

"啊,这不就是那尊著名的雕塑——断臂维纳斯嘛!"小白显得特别兴奋,大呼了一声。

"是呢,她好美啊!"曼曼惊呼道,"有一种宁静圣洁的美。"

"美是美,但是她没有胳膊和手!"夏夏皱着眉头,耸了耸肩,感到有些遗憾地说。

"胡说什么呢!不完美也是一种美,虽然没有正式上课,但前几天聊天时魁小星和我们说过残缺美,你忘啦?"冬冬理直气壮地指出。

"是啊,残缺让美有了想象空间!魁小星的话,你没认真听吧?"小白笑眯眯地补充道。

"我怎么没有认真听啦,我当然知道啊,残缺赋于了美生命力!"夏夏不服气地说。

"看来大家学得都不错嘛。"魁小星突然冒出来说了一句,"不过先安静会儿,在美术馆里叽叽喳喳的可不好哟!"

少年们纷纷点头,美术馆里顿时安静了下来。

魁小星见大伙儿安静了,接着说:"等会儿老师会来教你们新的课程,形式美法则。"

"形式美法则是什么?"小白一脸不解。

"待会儿老师自然会告诉你们的!只要学会了这个,同学们的审美眼光绝对会再上一个台阶!"

曼曼双眼放光,迫不及待地问:"魁小星,你快告诉我们,今天哪位老师来给我们讲课?"

"是一个老熟人,在哲学课上你们见过。"魁小星卖关子说道。

"谁呀?别卖关子啦!"夏夏迫不及待地问道。

"是啊是啊!"同学们都很好奇。

"看,人来了——"

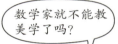

咱们就以维纳斯为例吧。你们看到她的肚脐了吧?

我们先以她的肚脐为分界线,将她的身体分为上下两部分,这时候,我们会发现,它的上半身和下半身的比值是0.618∶1,下半身和全身的比值也是0.618∶1。

所谓黄金分割,就是……来,上图!

毕老师,这是啥意思?

所以呢?

所以,才让人感觉到美啊!真笨!

所以,符合这个比值的都是美的呀!哈哈……

《维特鲁威人》

《蒙娜丽莎》

《最后的晚餐》

神奇的节奏与韵律

冬冬兴冲冲地跑进教室,一边喘气一边说:"大家都在啊,我们来做个特别有意思的实验怎么样?"

"什么实验?"夏夏和小白异口同声地问。

"冬冬都急成这样,估计很有趣!"曼曼一副跃跃欲试的模样。

"这个实验叫'心随音动',我的确迫不及待地想让你们感受一下。"冬冬擦了擦额头的汗后,拿出一个心率监测智能手环,套在曼曼的手上,心跳的曲线立刻在电脑屏幕上显示出来。接着,他外放起贝多芬的《欢乐颂》,音乐跳动的波形也出来了。

"你们一定要仔细看哟,神奇的一幕即将到来!"冬冬一本正经地说。

起初,屏幕上的两条曲线是不一致的,乐曲的跳动明显要比曼曼的心跳快一些。渐渐地,曼曼的心跳也快起来了,不一会儿,两条波动的曲线几乎一模一样。

"果然是'心随音动'!"小白说。

"别急,还有下一步呢。"冬冬说着又忙活开。

他关掉了《欢乐颂》,转而播放起舒伯特的《小夜曲》。屏幕上,曼曼的心跳开始变慢,直到与《小夜曲》跳动的曲线大体重合。

"太神奇了吧,音乐居然能改变人的心跳。这有什么科学原理吗?"夏夏说。

"因为共振呀。共振是一种自然界的普遍现象,是让不同的个体之间产生同步协调的节奏。音乐让曼曼的心脏产生了共振,所以心跳的节奏就和音乐同步了。"冬冬认真地解释。

"原来是这样,我回家也和爸爸妈妈做这个实验,好好显摆一下。"曼曼捂着嘴笑起来。

"冬冬的实验让我想起了一个问题,你们谁能帮我解答一下?我表妹在学钢琴,前些天问我节奏和韵律有什么区别,还问什么是韵律美。我只晓得它们都是音乐里的专业用语。"夏夏问。

"节奏和韵律可不仅仅局限于音乐哟!"魁小星嗖地一下出现在大家的面前。

"啊?"夏夏露出诧异的神情。

"我发觉夏夏每次的问题都能问到点子上,今天美学课的主题就是神奇的节奏与韵律呢。它们可是形式美的一大法则。也就是说,在我们身处的这个世界,乃至宇宙,很多地方都运用到了节奏与韵律。"魁小星说。

"对,心脏跳动不就是有节奏的吗?刚才的实验里咱们还见识了。"小白说。

"呀,还真是这样,我狭隘了。魁小星,今天谁来讲课呢?"夏夏不好意思地摸摸头问。

"一个你们熟悉的人。算算时间,他应该就快到了。"魁小星将目光投向大门。

知识小拓展
宇宙里的韵律美

节奏和韵律美不仅仅是在地球上无处不在,广袤深邃的宇宙里也有哟!

八大行星围绕太阳转动的轨迹,正是体现出了节奏与韵律之美呢!

整个银河系看起来不正是旋转的韵律美吗?

以地球为参照,每八年,金星的轨迹会画出一朵巨大的"玫瑰花",是不是也体现了节奏与韵律之美呢?

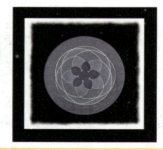

打开色彩的魔法盒

几个孩子一边聊着天,一边走进教室,当看见魁小星正笑嘻嘻地站在里面时,所有人都愣住了。

"魁小星,你今天怎么感觉有点儿反常,这么早在这儿等着我们?"冬冬不解地问道。

"我刚学了个魔术,想给大家表演一下。"魁小星答。

"太好啦,有魔术可以看喽!"教室里的学生一听,立刻兴奋起来,将目光齐刷刷地投向魁小星。

魁小星不慌不忙地拿出一个陀螺说:"你们看,这个陀螺的表面有七种颜色对不对?"

"没错,赤橙黄绿蓝靛紫,像彩虹。"小白抢着回答。

"接下来,你们一定要瞪大眼睛看着陀螺,因为我要将这七种颜色变成白色。"魁小星狡黠一笑。

"白色?这怎么可能?"夏夏的神情凝重起来。

"准备好了吗?我要开始喽!"

魁小星的话音一落,立刻让陀螺飞速地旋转起来。神奇的一幕发生了!随着陀螺的快速转动,七彩的陀螺看起来真的是白色的。然而,随着陀螺速度的放缓,它又逐渐显示出连贯的彩色。

"哇，好神奇！"曼曼一边说着，一边从魁小星手中接过陀螺，也实验起来。

"聪明的魁小星，快给我们讲讲彩色变白色的原理吧！"夏夏拉住魁小星的手，请求道。

"我们平时见到的太阳光其实是由七种颜色的光组成的，它们组合在一起成了白光。这个你们是知道的吧？"魁小星问。

大家纷纷点头。

"人的眼睛存在视觉暂留现象，即使所看的影像消失了，人眼仍能继续保留0.1～0.4秒的图像，因此当陀螺快速旋转时，给人眼的感觉就像七种颜色的光混合在一起，看起来就是白色的。"魁小星说。

"原来是这样！"所有人露出一副恍然大悟的模样。

"魁小星，你给我们表演这个魔术就是为了解释这个原理？"曼曼疑惑地说。

"难道今天美学课的内容跟颜色有关？"冬冬扶了扶眼镜。

"嘿嘿！"魁小星得意地笑起来，"今天，我请了一位著名的画家，来为大家讲解色彩的审美，算算时间，他应该就快到啦。"

亨利·马蒂斯

法国著名画家、雕塑家、版画家，野兽派创始人和主要代表人物。

我没有先入之见地运用颜色，色彩完全本能地向我涌来。同学们好呀，我就是开创了野兽派的亨利·马蒂斯。

什么？野兽派？

夏夏，别急着提问，我们先用热烈的掌声欢迎亨利老师吧。

嘿嘿，初次听到"野兽派"这个词语的人，差不多都会在脑海里冒出个大大的问号。什么是野兽派？是不是和野兽有什么关系？

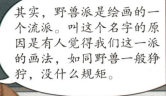

这是我画的《开着的窗户》，你们看看，能不能感受到野兽的气息？嘻嘻……

其实，野兽派是绘画的一个流派。叫这个名字的原因是有人觉得我们这一派的画法，如同野兽一般狰狞，没什么规矩。

我们这一派喜欢鲜艳、浓重的色彩，作画时通常直接使用从颜料管中挤出的颜料，以直率、粗放的笔法，创造强烈的画面效果。

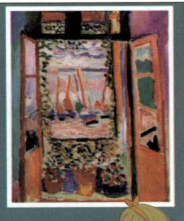

哇，颜色好鲜艳！

我从这幅画中没有感受到野兽的狰狞和恐怖呀，反倒有一种自由、惬意的感觉。

是的，野兽派的画作并不是像野兽那样给人带来不安，而是用明亮的色彩和大胆的描画，表达个性与自由。

我热爱色彩，我用色彩塑造我构想的一切。所以接下来，我要好好带你们领略色彩之美。

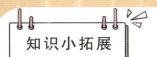
知识小拓展
东西方对色彩的认知差异

百水先生的童话王国

教室里，同学们正在一起欣赏电影《美女与野兽》，每个人都看得很认真。放映结束后，曼曼无比感慨地说："我好想住在城堡里。"

"我也希望呀！只可惜童话变不成现实。"小白也有些遗憾地说。

"嘻嘻，你们女生就喜欢做公主梦。"夏夏打趣道。

"我想起来啦，有的人真就住在童话的世界里。"一直在旁边默不作声的冬冬突然大声喊起来。

"冬冬，你在说什么呢？童话世界都是幻想出来的，哪里有人住在里面？"夏夏话里话外全是问号。

"是这样的！我曾经在杂志上看到过，有一位建筑师建造的房子就像童话里的城堡，不是公园，不是游乐场，不是影视城，是真的有人生活在里面。"冬冬解释道。

"那些房子在哪里？"曼曼激动地问。

"哎！我刚才很努力地想了，但就是想不起来。"冬冬遗憾地噘起了小嘴。

"咱们可以问问魁小星！咦？它今天跑哪里去了，怎么还不出现？"小白一边说，一边四处搜寻魁小星的身影。

"我来啦，我来啦！你们不是看电影嘛，我就去休息一下，偷个小懒。"魁小星笑眯眯地说。

"魁小星,你来得正是时候,你知道那位把房子打造成童话世界的建筑师是谁吗?"冬冬急切地问道。

"你说的应该是奥地利的百水先生。"魁小星回答。

"对,就是百水先生!"冬冬附和道。

"魁小星,你能给我们看看这位百水先生的作品吗?我好奇得很。"曼曼满心期待地说。

"当然可以呀,而且我还把百水先生请来讲课啦!你们可以好好了解一下他那些梦幻般的作品。"魁小星说。

知识小拓展
善于用线的中国大家

线,一直是中国画的灵魂所在,也是中国画线描中最能够体现画家功底和笔力的一种传统的绘画方式,下面这些大家都是非常善于用线的哟!

吴道子

又名道玄,中国唐代著名画家,画史上尊称他为"画圣",开创了"兰叶描",其人物画被称作"吴带当风";其绘画作品称为"吴家样",被众多画师学习。据载,他曾经于长安、洛阳两地寺观中绘制三百多幅壁画,其中《地狱变相图》闻名于世。

《地狱变相图》

李公麟

中国北宋画家,字伯时,号龙眠居士,以善用白描画法著称。苏轼曾称赞他:"龙眠胸中有千驷(sì),不惟画肉兼画骨"。《五马图》为其代表作。

《五马图》

武宗元

中国北宋画家,字总之,擅画道释人物,曾为开封、洛阳各寺观作大量壁画,代表作品有《朝元仙仗图》《圣帝出队图》《旃檀瑞像》等。

《朝元仙仗图》

梁楷

中国南宋画家,曾为画院待诏(zhào),人称"梁疯子"。他突破画院体系严谨刻板的画法,自创疏体,即减笔写意画法,用笔精练、粗放豪迈,代表作有《泼墨仙人图》《太白行吟图》等;在白描作品中,《六祖截竹图》《六祖破经图》都是其典型代表作。

《太白行吟图》

小白的偶像毕加索

美术室里，同学们沐浴在阳光下，认真地画着摆台上的静物。

"你们最喜欢哪个画家呀？"小白边画边开口问道。

"我喜欢梵高！"曼曼兴奋地说。

"我喜欢毕加索，他是我的偶像！"小白非常肯定地说。

"他们俩的画，我都欣赏不来。"夏夏双手摊开，露出一副无奈的表情。

"对了，听说学校今天要带我们去参观毕加索的画廊！"冬冬凑过来开心地告诉小伙伴们。

"啊！真的吗？"小白兴奋地大叫了起来。

同学们正讨论着，魁小星冒了出来大声说："准备出发喽，我们今天要去参观毕加索的画廊！"

在一片欢呼声中，大家来到了毕加索的画廊，同学们三五成群地欣赏着满墙的画作。

"你们看，我喜欢这幅画。"小白向大家指着面前的一幅画。

"这幅画给人的感觉好奇怪啊，我完全看不懂呢！"夏夏有些不解地说。

"的确很抽象。"曼曼看了几眼说。

"你们不懂欣赏了吧？还记得我们前段时间学过的'残缺让美有了想象空间'吗？"小白提高了声音。

"哦,残缺美啊,就是断臂维纳斯吧?"曼曼说道。

"对呀。所以,欣赏这些画同样也是一样,需要无限的想象力。"小白说。

"好吧,看来我是真的缺乏想象力!"夏夏撇撇嘴。

"我也想画出这样神奇的画来,可惜没有这样的绘画水平。"小白盯着画,脸上露出崇敬的神色。

"要是这么容易就能画出来,岂不是人人都当画家了?"夏夏嘟囔着说。

"大家不要灰心嘛,可以请毕加索先生来指导指导我们啊!"魁小星告诉大家。

"哇,真的啊!那就真的太棒了!"小白和曼曼异口同声地欢呼道。

"那就有请毕加索先生来为大家讲讲绘画创作吧!"魁小星赶忙召唤大师前来。

毕加索冷色调和暖色调的作品

《哭泣的女人》

这画中的女人也太丑了吧。

她的脸太扭曲了。

呃……看着有些恐怖。

孩子们,你们了解这幅画背后的故事就不觉得恐怖了。

战争时期,我的家乡格尔尼卡小镇遭到了炮火的轰炸……画中的女人正是我当时的一位朋友朵拉,于是我就把她悲痛的心情呈现在这幅画中。

哎,这个女人真可怜!看她的样子就知道该有多伤心。

可怜的不只她一个,那里的人都很可怜。

可怜

是啊。后来战火摧毁了我们的家园,人们颠沛流离。那个时期我无比痛苦和绝望,只能将这些情绪宣泄到作品中。

战火纷飞的年代,毕加索先生化悲痛为力量,创作了闻名世界的《格尔尼卡》。这段苦难的日子让毕加索先生的艺术创作达到了巅峰。

知识小拓展
关于毕加索

毕加索的艺术趣闻

毕加索家里被盗，小偷逃跑时，女管家和毕加索都看见了，于是他们分别把小偷的样子画了下来。去警察局报案后，警察按照女管家画的人像，小偷很快就被抓到了，可按照毕加索画的人像，却有很多人都被带回了警察局。

我是依我所想的来画，而不是依我所见的来画。

毕加索的立体主义

我们创建立体主义时并没有想到要创建什么派别，只是简单地想表达我们自己的内心。

动起来,大胆去艺术创造吧!

学校的美术馆里,几位同学正在欣赏国画大师们的作品。

曼曼站在齐白石的《虾》前,认认真真地观察后说:"我终于看懂这幅画的妙处了。"

"是什么?"夏夏凑过来问。

"你看画面,虽然没将水画出来,只是留白,但是虾的动作能够让人感觉到水的存在。"曼曼解释道。

"是呀,这些虾看起来活灵活现的,就像在水里游动。对了,虾身上有的地方墨色浓,有的地方墨色淡,跟活虾一模一样。"小白说。

冬冬接道:"所以,齐白石老先生画的虾很出名啊。相传他当年画虾,一只要一两银子呢!"

"这么厉害!"夏夏不由自主地鼓起掌来。

"同学们的表现不错哟,现在都学会赏析艺术品了。"魁小星笑嘻嘻地夸赞道。

"都学了这么长时间的美学课了,多少得有点儿收获呀。"曼曼有些自豪地说。

"嗯,看来我们开设美学课的目的有一半已经达成啦!"魁小星晃了晃脑袋满意道。

"什么?才一半?还有一半是什么?"夏夏惊讶得目瞪口呆。

"学习美学,不仅是为了拥有一双发现美、欣赏美的慧眼,更重要的是用自己的双手创造美。"魁小星拍了拍夏夏的肩膀。

"我知道,就是把所学的知识用到自己的作品中。"小白眨巴着大眼睛说。

"自己去创造美,是很难的一件事情啊!"冬冬深叹了一口气。

"确实不容易,不过有方法可循。今天我就请了一位大师,专门来给大家传授创造美的一些方法。"魁小星拍了拍冬冬的肩膀。

"讲师是谁?快说,快说!"曼曼急不可待地问。

"是一位与毕加索、马蒂斯齐名的画家。你们回到教室,就能看到他了。"魁小星卖着关子说。

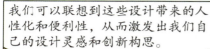

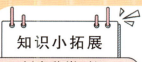

蜡烛人雕塑

燃烧的蜡烛人每一秒钟都是不同的样子,直至燃尽。在时间的长河里,一切都会消逝。

树之花

以树枝和塑料袋为主要材料,环保美观的同时,树枝与塑料袋的结合又暗示着创作者想表达的变异主题。

做热爱生活的小艺术家

教室里很安静,冬冬在写书法,曼曼和夏夏在画画,小白在做手工。

突然,夏夏把画笔一扔,抱怨道:"哎!怎么画看着都不美,创造美实在是太难了!"

冬冬停下来,转过头安慰道:"要完成一幅美的作品,可不是一件容易的事情,慢慢努力吧!"

曼曼耸了耸肩说:"我也画得不是那么令人满意,但我一点儿也不烦躁,相反还挺开心的。"

"为什么啊?"夏夏的嘴张得比饭碗还要大。

"我比较享受画画的这个过程呢!"曼曼笑了笑。

"确实,我做手工的时候心情也相当不错,觉得非常有意思。"小白笑着附和道。

"哲学老师教过我们,成功并不是特别重要,重要的是你在追求成功的过程中学到了什么,所以我们朝着目标努力就好啦!"冬冬说。

"革命尚未成功,我还是继续努力吧。"夏夏拿起画笔继续画起来。

此时,魁小星晃着它的大脑袋来到了教室里。它看到同学们都沉浸在对美的创造中,感到十分欣慰:"同学们不错哟,看来你们在美学课上的收获不小呢。"

"即使有收获也不能挽救我的这幅作品。"夏夏情绪低落地说。

魁小星嘿嘿一笑："夏夏，别这么低沉嘛，今天是美学课的最后一节啦，巧的是，今天这节课特别适合你哦！"

"啊，这话是什么意思？"同学们异口同声地问。

"是教我们怎么把艺术作品做出很好卖的样子吗？"夏夏顿时来了精神。

魁小星一本正经地说："你这个小财迷，我觉得还是让老师来告诉你们比较好。"

"魁小星，你又卖关子。"夏夏噘起了小嘴。

"你们快听，老师已经来了！"魁小星说着将头转向教室的大门。

知识小拓展
古代那些懂生活的文人

"人生只有一次,当然要美美地度过。"

文震亨

江南四大才子之一文徵(zhēng)明的曾孙,他的《长物志》堪称当代生活家和设计师的"美学圣经"。

"民以食为天,文艺者也是。"

林洪

南宋文人、美食家,撰有《山家清供》。

"喜欢至极,便是专业。"

陆羽

唐代茶学家,一生嗜茶,精于茶道,以写出世界第一部茶叶专著——《茶经》闻名于世。

"玩石头也能玩出著作来。"

杜绾

北宋矿物岩石学家,中国古代玩石、藏石和赏石的"头号玩家",他的《云林石谱》被尊为中国历史上最完整、最丰富的论石专著。